Harmonica Masterpiece Series vol.07

Korean Folk Songs Repertoire

민요 편

그래서, 음악

머리말

　어떤 위대한 사람이 말하기를 "음악을 이해하고 알려고 노력하지 않는 사람은 모반과 모략 그리고 약탈을 일삼을 수 있는 인간이다."라고 말했습니다.

　음악을 생활화할 수 있고 음악으로 기쁨을 얻는 삶을 살 수 있기를 바라면서 이 책을 낼 수 있도록 항상 배려를 해 준 제 남편과 음악 작업을 도와준 나의 큰아들, 그리고 새 노트북을 사 준 제 막내아들에게 감사를 드립니다.

　특별히 민요편 출간에 도움주신 인천지부장 박정우 님께도 감사를 드립니다.

　또 그래서음악 출판사 사장님께서 쾌히 승낙해 주심에 감사드립니다.

　이 책이 하모니카를 사랑하는 모든 사람들에게 유익한 책이 되었으면 하는 바람입니다.

정옥선

저자 약력

경희대학교 교육대학원 수료

코리아 하모니카 앙상블 코드 주자

KBS 아침마당 출연

SBS 스타킹 출연

북경 아시아태평양 국제 하모니카 페스티벌 심사위원

제주 국제 하모니카 페스티벌 심사위원

효 신문사 주최 실버 하모니카 대회 심사위원

일본, 중국, 대만, 싱가포르, 말레이시아, 홍콩 등 아시아 국가와 미국,

유럽 국가 중 독일, 프랑스, 이탈리아, 스위스, 오스트리아 외 인도, 네팔 등

세계 여러 나라 순회 연주

현) 한국하모니카연맹 강북 지부장

저서

〈하모니카 명곡집 시리즈, ① 클래식 편 ② 가요편 ③ 팝송편 ④ 영화음악편 ⑤ 가곡편 ⑥ 동요편 ⑦ 민요편 ⑧ 종합편 , 그래서음악〉, 〈301 하모니카 명곡집, 스코어〉

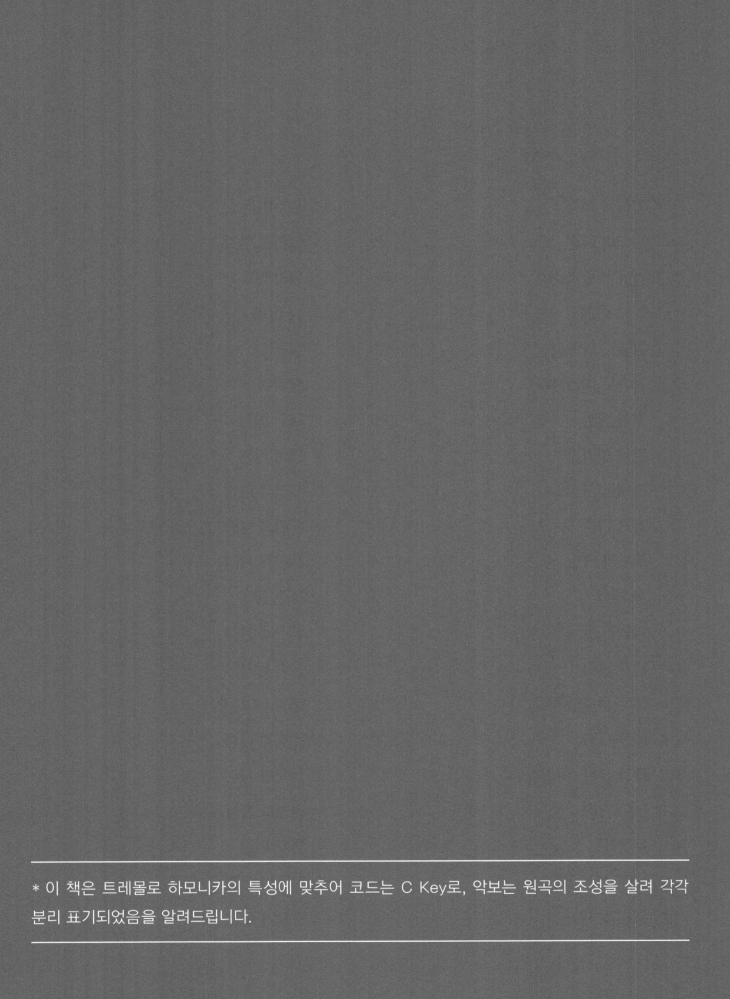

목차

하모니카 건강 증진 세계 선언문 ·········· 08
하모니카 이야기 ·········· 09
하모니카의 종류 ·········· 10
하모니카 연주 자세와 호흡법 ·········· 12
하모니카 부는 방법 ·········· 13

001 가야금 타령 ·········· 14
002 각설이 타령 ·········· 15
003 갑돌이와 갑순이 ·········· 16
004 강남 아리랑 ·········· 17
005 강원도 아리랑 ·········· 18
006 강원도 아리랑(2) ·········· 19
007 강화 도령 ·········· 20
008 강화 아가씨 ·········· 21
009 그네줄 사랑 ·········· 22
010 김치 타령 ·········· 23
011 까투리 타령 ·········· 24
012 꽃 타령 ·········· 25
013 남원산성 ·········· 26
014 남포 타령 ·········· 27
015 내 강산 좋을씨고 ·········· 28
016 넝쿨 타령 ·········· 29
017 네가 잘나 일색이냐 ·········· 30
018 노들 강변 ·········· 31
019 노랫가락 ·········· 32
020 노랫가락 차차차 ·········· 33
021 농부가 ·········· 34

022 능수버들 ·········· 35
023 닐리리 맘보 ·········· 36
024 닐리리야 ·········· 37
025 님 타령 ·········· 38
026 달 타령 ·········· 39
027 달맞이 ·········· 40
028 대한 팔경 ·········· 41
029 더덕 타령 ·········· 42
030 도라지 타령 ·········· 43
031 도라지 낭랑 ·········· 44
032 도라지 처녀 ·········· 45
033 독수 공방 ·········· 46
034 둥그레 당실 ·········· 47
035 둥기 당기당 ·········· 48
036 둥둥 내 사랑 ·········· 49
037 둥둥게 타령 ·········· 50
038 들국화 타령 ·········· 51
039 만경들 풍경 ·········· 54
040 맘보 타령 ·········· 55
041 땡꽁이 타령 ·········· 56
042 모심기 노래 ·········· 57

043 **목화송**	58	064 **석별가**	79
044 **몽금포 타령**	59	065 **새 타령**	80
045 **물레 타령**	60	066 **선유가**	82
046 **물방아 타령**	61	067 **선화 공주**	83
047 **밀양 아리랑**	62	068 **성주 풀이**	84
048 **박연 폭포**	63	069 **성화가 났네**	85
049 **방앗간 아가씨**	64	070 **세상은 빙글 빙글**	86
050 **뱃노래**	65	071 **시집가네**	87
051 **범벅 타령**	66	072 **신 만고강산**	88
052 **베틀가**	67	073 **신 사랑가**	89
053 **벽오동**	68	074 **신 태평가**	90
054 **봄 노래**	69	075 **신고산 타령**	91
055 **봄바람 님바람**	70	076 **쑥대머리**	92
056 **비 오는 양산도**	71	077 **아나 농부야**	93
057 **뽕따러 가세**	72	078 **아리랑 낭랑**	94
058 **뽕따러 가세**	73	079 **아리랑 목동**	95
059 **사랑가**	74	080 **아리랑 이별 고개**	96
060 **사발가**	75	081 **앞 강물**	97
061 **사설 난봉가**	76	082 **앵두나무 처녀**	98
062 **삼거리 땀보(천안 삼거리)**	77	083 **야월 삼경**	99
063 **삼천리 강산 에라 좋구나**	78	084 **양산도**	100

085 양산도 봄바람	101	106 전복타령	122
086 어디로 가야 하나	102	107 정 떨어졌구나	123
087 영암 아리랑	103	108 정어리 타령	124
088 오돌또기	104	109 제주도 타령	125
089 오동동 타령	105	110 진도 아리랑	126
090 오봉산 타령	106	111 짚세기 신고 왔네	127
091 옥피리 사랑	107	112 처녀 농군	128
092 옹헤야	108	113 처녀 총각	129
093 왜 안 오실까	109	114 창부타령	130
094 요리조리 동동	110	115 처녀 뱃사공	132
095 요핑게 조핑게	111	116 천지 풀이	134
096 우리강산	112	117 청춘 난봉가	135
097 울릉도 사랑	113	118 청춘 시절	136
098 울산 아가씨	114	119 초생달	137
099 이야홍 타령	115	120 청춘가	138
100 이팔 청춘가	116	121 총각 타령	140
101 인생잔치	117	122 춘삼월	141
102 임전 화풀이	118	123 추야 장장	142
103 잘했군 잘했어	119	124 춘몽	144
104 장기 타령	120	125 춘정 타령	145
105 장모님 전상서	121	126 타령 (무용곡)	146

127 타작가 ┈┈┈┈┈┈┈┈┈┈┈┈┈ 147

128 쾌지나 칭칭나네 ┈┈┈┈┈┈┈ 148

129 탑돌이 ┈┈┈┈┈┈┈┈┈┈┈┈┈ 150

130 통영 개타령 ┈┈┈┈┈┈┈┈┈ 151

131 팔도유람 ┈┈┈┈┈┈┈┈┈┈┈ 152

132 팔도 타령 ┈┈┈┈┈┈┈┈┈┈┈ 153

133 팔도 풍년가 ┈┈┈┈┈┈┈┈┈ 154

134 풍년 잔치 ┈┈┈┈┈┈┈┈┈┈┈ 155

135 풍년가 ┈┈┈┈┈┈┈┈┈┈┈┈┈ 156

136 풍년송 ┈┈┈┈┈┈┈┈┈┈┈┈┈ 157

137 풍어 타령 ┈┈┈┈┈┈┈┈┈┈┈ 158

138 풍년방아 ┈┈┈┈┈┈┈┈┈┈┈ 159

139 한 오백년(조용필) ┈┈┈┈┈ 160

140 한 오백년 ┈┈┈┈┈┈┈┈┈┈┈ 161

141 한강수 타령 ┈┈┈┈┈┈┈┈┈ 162

142 한글 뒤풀이 ┈┈┈┈┈┈┈┈┈ 163

143 한양 낭군 ┈┈┈┈┈┈┈┈┈┈┈ 164

144 할아버지 쌈지 돈 ┈┈┈┈┈┈ 165

145 함양 양잠가 ┈┈┈┈┈┈┈┈┈ 166

146 해로가 ┈┈┈┈┈┈┈┈┈┈┈┈┈ 167

147 햇님 달님 ┈┈┈┈┈┈┈┈┈┈┈ 168

148 헤이야노 야노야 ┈┈┈┈┈┈┈ 169

149 흥부와 놀부 ┈┈┈┈┈┈┈┈┈ 170

150 희망가 ┈┈┈┈┈┈┈┈┈┈┈┈┈ 171

하모니카 건강 증진 세계 선언문

하모니카는 남녀노소, 모든 사람들의 건강 증진에 매우 유익하다는 사실이 전 세계에 알려진지가 꽤나 오래되었습니다. 하모니카는 호흡 건강은 물론 육체적, 감성적, 정신적, 사회·문화적 및 영적 건강에도 도움이 되는 악기입니다. 세계 많은 하모니카 애호가들의 오랜 개인적 체험과 경험이 지지하듯이 하모니카는 건강 증진과 질병 예방, 질병 치료에도 효과가 있다고 믿고 실제로 도처에서 하모니카의 과학적 연구가 진행되고 있습니다.

최근 미국에서는 호흡기 환자에게 쓰는 통상적 치료방법의 보조기구로 하모니카 치료법을 사용하는 병원들이 점차 늘고 있습니다. 하모니카는 단순히 부는 악기가 아니라 숨을 들이쉬어 소리 나게 하는 특별한 악기로서 미국 도처에 있는 심폐 기능 회복촉진센터에서 사용하는 일반적 호흡촉진 의료기구와 유사한 효과가 있다고 믿습니다.

또한, 미국 미조리주 세인트루이스에서 개최된 미국음악치료연맹(AMTA) 2008년 년차 총회에서도 하모니카가 건강 증진과 치료 효과가 있다는 '하모니카 음악치료법'이 보고되었습니다. 하모니카는 만성호흡증, 수면 무호흡증, 불안신경증, 우울증, 스트레스 및 심장 또는 폐 기능에 문제가 있는 사람들에게 도움이 되며, 우리 몸의 면역 체계를 강화시켜 삶의 질적 향상과 생동력과 생산성 고조에도 도움이 된다고 합니다.

하모니카는 작고 간단하여 휴대하기 간편한 악기입니다. 보기에는 비록 작지만 소리가 아름다운 음악을 연주할 수 있는 음악성이 높은 악기로 우리의 건강 증진과 함께 삶의 재미와 기쁨을 더해 줍니다. 따라서 연령과 남녀노소와 건강 상태를 초월해서 세계 모든 만민들의 인기와 사랑을 받는 악기입니다.

따라서, "하모니카는 우리의 건강과 희망과 행복과 세계 평화가 함께 어우러지게 하는 악기로 칭송받고 있습니다." 이 선언문은 미국 하모니카 연맹(SPAH) 건강증진위원회, Harmonics and Health Committee(HHC)의 위원장이 초안하고 세계 하모니카 연주자들이 서명하였고 저명한 훈련 지도자 및 유수한 의료인들이 지지하고 서명한 것으로, 2009년 8월 11일부터 15일까지 북가주 새크라멘토 시에서 개최된 연맹 창립 46주년 기념총회에서 발표되었습니다.

이상의 하모니카 건강 증진 세계 선언문을 이 책의 서문으로 사용하고자 합니다. 많은 사람들의 하모니카 사랑을 기대해 봅니다.

하모니카 이야기

하모니카는 기원전 3,000년경에 만들어진 것으로 전해지고 있습니다. 중국에서 리드 (Reed)를 가진 쉥 (Sheng)이라는 악기가 만들어졌으며, 이 악기의 원리에 의해 16 세기 초에는 지금의 하모니카와 비슷한 악 기가 만들어진 것으로 되어 있습니다. 18세기 초에 와서 개량되어져 1821년에 '크리스천 부슈만(Christian Bushman)'이라는 16세 소년이 지금의 하모니카와 비슷한 악기를 만들었는데 이 악기는 '아우라(Aura)'라 고 불렸고 메탈 리드(Metal Reed)를 사용했고 크기는 10cm 정도였으며 15음계로 멜로디를 연주할 수 있었 다고 합니다.

1827년경 현재 호너(HONNER)사가 있는 독일의 작은 도시 트로싱겐에서 지금 하모니카와 비슷한 '마 우스-하프(Mouse-Harp)'라는 악기가 만들어졌고, 1857년 호너사의 창시자인 '마티아스 호너(Mattias Honna)'가 하모니카를 생산하기 시작해 1986년에는 10억 개째 하모니카가 출시되었고 지금은 여러 나라 에서 하모니카가 생산 판매되고 있습니다.

우리나라에는 1920년경부터 소개되고 '평양 YMCA 하모니카 밴드', '쎈니 하모니카 5중주단', '고려 하 모니카 합주단' 등이 활동하였고 한국전쟁 이후 우용순, 최영진, 이덕남, 이혜봉, 선생님 등의 공헌으로 발 전하였습니다. 지금은 하모니카 단체도 많고 강사진도 많아서 하모니카 동호인들도 활동이 많고 저변확대 및 발전에 노력을 많이 하고 있습니다.

국제 행사로는 '아시아 태평양 페스티벌'이 격년으로 열리고 있고 '세계 하모니카 페스티벌'은 매년 열리 고 있습니다. 우리나라는 2000년에 제3회 아시아 태평양 대회를 개최한 바가 있고 매 대회 때마다 우수한 성적을 내고 있습니다.

하모니카의 종류

• 트레몰로(복음) 하모니카

하모니카는 위아래 두 개의 구멍으로 한 음을 소리 내는 특징이 있으며 소리의 떨림 효과를 낼 수 있는 악기입니다. 주로 중국, 일본, 한국 등 아시아에서 많이 사용하는 하모니카입니다.

• 미니 하모니카

하모니카 중 가장 작은 것으로 되어있고 4구멍으로 되어있으며 1구멍에 2개의 음을 내기 때문에 8음, 즉 1옥타브 연주를 할 수 있습니다. 목걸이와 같은 장식용으로 쓰이기도 합니다.

• 다이아토닉(Diatonic) 하모니카

10구멍으로 되어있으며 주로 통기타 가수나 보컬을 하는 사람들이 많이 사용하며 서양에서는 블루스, 컨트리, 록 같은 현대 음악이나 재즈 음악을 연주하는 악기로 사용되고 있습니다. 장음계, 단음계의 각 조성별로 24종류의 악기가 있습니다.

• 크로매틱(Chromatic) 하모니카

다른 하모니카와는 달리 ♯(샤프)나 ♭(플랫)을 자유롭게 연주할 수 있도록 옆에 버튼이 붙어 있습니다. 12구멍과 16구멍짜리가 있으며 주로 독주나 클래식 연주에 주로 사용됩니다. 유럽 쪽에서 선호하는 악기입니다.

• 코드(Chord) 하모니카

중주나 합주 등을 연주할 때 멜로디를 도와 화음만을 연주하는 하모니카로 베이스가 붙어 있는 하모니카와 화음만 낼 수 있는 **두** 종류가 있습니다. 드럼 역할도 하며 메이저, 마이너, 세븐스, 디미니쉬, 어그먼트 등 43종의 화음을 낼 수 있습니다.

• 옥타브(Octave) 하모니카

복음 하모니카의 종류로 복음 하모니카는 윗구멍과 아래 구멍이 같은 음으로 되어 있지만 옥타브 하모니카는 윗구멍과 아래 구멍이 한 옥타브 차이로 되어 있습니다.

• 베이스(Bass) 하모니카

저음을 내기 때문에 합주를 할 때 사용되며 브라스밴드의 수자폰이나 오케스트라의 콘트라베이스와 같은 역할을 합니다. 마시는 음이 없이 부는 음으로 구성되어 있습니다.

• 파이프 하모니카

오케스트라의 호른과 같은 소리를 낸다고 해서 호른 하모니카라고도 합니다. 소프라노, 알토, 두 종류로 구분되어 지고 타원형의 파이프로 감싸여 있어 소리가 양옆으로 나오며 아름답고 부드러운 소리가 납니다.

• 글리산도(Glissando) 하모니카

음의 배열이 복음이 아닌 단음, 반음으로 되어 있기 때문에 합주할 때 꾸밈 역할을 해서 묘미를 줍니다.

• 회전식 하모니카

복음 하모니카 6개 장조(A, B, C, D, F, G)를 하나로 묶어 놓은 것으로 곡의 필요에 따라 악기를 선택해서 연주할 수 있게 되며 보기 드문 악기이므로 연주 때 시선이 집중됩니다.

이 밖에도 150여 종류로 다양한 모양의 악기가 있습니다. 앞으로 쓰임새나 소리, 모양 등이 더욱 발전할 것입니다.

하모니카 연주 자세와 호흡법

1. 하모니카 양 끝부분에 엄지 첫마디를 악기와 대각선이 되도록 가볍게 올려놓습니다.

2. 검지의 한마디 반 정도를 위쪽 커버에 얻은 후 중지 두 번째 마디까지를 하모니카 뒤쪽에 받쳐주면 됩니다.

3. 악기는 저음이 왼쪽, 고음이 오른쪽이 되도록 합니다.

4. 악기의 위치는 수평보다 약 10도 아래로 향하게 하여 연주합니다.

5. 허리는 구부리지 않고 똑바로 폅니다.

6. 얼굴은 항상 정면을 향하고 하모니카를 밀거나 당겨서 소리를 냅니다. 입술이 악기를 따라가면 안됩니다.

7. 어깨는 위로 올라가지 않게 합니다.

8. 양쪽 팔꿈치는 옆구리에 닿지 않도록 달걀 하나 정도 차이로 벌려 줍니다.

9. 호흡은 복식호흡을 하여 아랫배의 힘을 유지하도록 합니다.

하모니카 부는 방법

• 텅잉(Tonguing)

짧은 박자의 동일한 음을 연속적으로 연주할 때에 횡격막과 목구멍을 통한 바람의 세기와 길이를 제어하는 방식으로는 빠른 연주(속주)에 대처하기가 어렵습니다. 이런 경우 혀를 사용하는 Articulation의 한 방법인 텅잉에 의해 음을 내는 강도와 길이를 조절할 수 있습니다. 혀를 입천장에 붙였다 떼었다 하는 방식으로 '토-토'나 '타-타' 같은 소리를 내는 느낌으로 바람의 흐름을 끊거나 열어주면 됩니다. 약간 부드러운 표현은 '다-다' 또는 '도-도'와 같은 발음을 하는 느낌으로 하면 됩니다.

> *싱글 텅잉(Single Tonguing) – 타, 타, 타, 타
>
> *더블 텅잉(Double Tonguing) – 타다, 타다
>
> *트리플 텅잉(Triple Tonguing) – 타다다
>
> *혀가 입천장에 닿지 않고 하는 방법 – 가, 가, 하, 하
>
> *텅잉에 의해 혀를 사용하는 방법 즉 혀가 입천장에 닿는 느낌으로 하는 방법 – 토-토-토, 도-도-도
>
> *아주 빠른 곡은 혀를 굴리는 느낌으로 – 다라라, 다라라

• 퍼커(Pucker) 주법

입술 모양을 '오' 또는 '우' 모양으로 만들어 휘파람을 불 때처럼 입을 오므려서 세 칸 정도 물고 불면 양쪽은 마시는 음이기 때문에 부는 음 '도' 소리가 납니다.

> *주의: 얼굴은 움직이지 말고 하모니카를 움직여서 소리를 내야 합니다.

• 텅 블럭(Tongue Block) 주법

혀와 입술을 모두 사용하며 입술의 폭을 넓게 하여 하모니카의 여러 구멍을 문 다음 혀를 사용하여 필요하지 않은 구멍을 막아서 필요한 음만을 내는 경우를 말합니다.

텅 블럭 주법을 완전히 익혀야 베이스 주법이나 화음 주법, 분산화음 주법을 할 수가 있습니다.

> *텅 블럭으로 연주하면서 혀를 박자에 맞게 떼었다 붙이면 3홀 베이스, 5홀 베이스, 옥타브 베이스, 분산화음 베이스가 됩니다.
>
> *혀로 어느 구멍을 얼마만큼 어떻게 막느냐와 어떻게 얼마만큼 열고 부느냐에 따라서 3홀, 5홀, 7홀, 9홀, 분산화음이 됩니다.

001 가야금 타령

각설이 타령

민요 / 김시라 작사

003 갑돌이와 갑순이

004 강남 아리랑

공사일 작사 / 형석기 작곡

WALTZ (간주는 아리랑 으로 해도 됨)

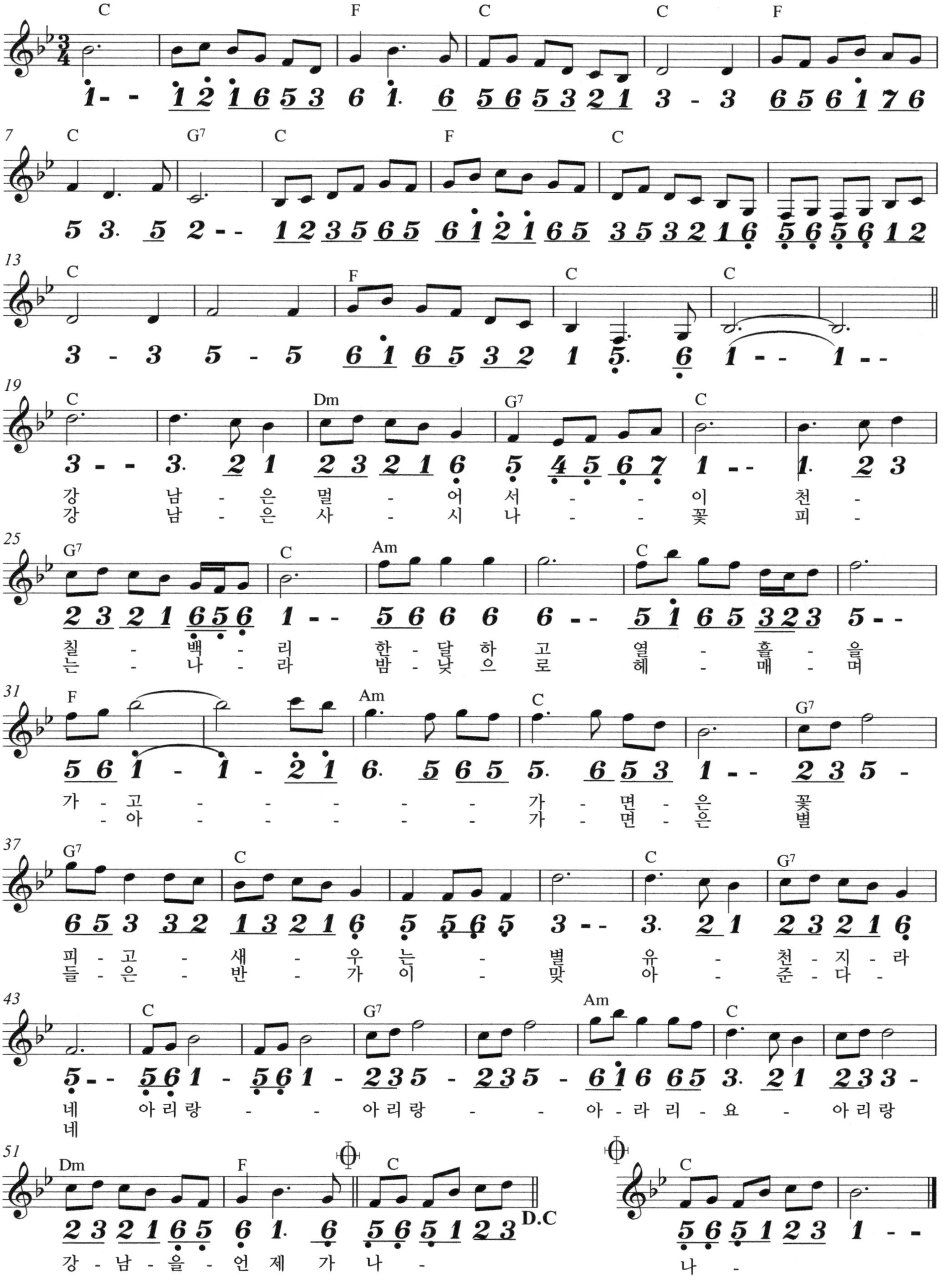

강원도 아리랑 (1)

전래민요 / 하춘화 노래

강원도 아리랑 (2)

전래민요 / 조용필 노래

노래 / A / 연주 / F

007 강화 도령

조향남 작사 / 전수린 작곡

강화 아가씨

조형식 작사 / 김부해 작곡

그네줄 사랑

반야월 작사 / 조춘영 작곡

김치 타령

하중희 작사 / 황문평 작곡

노래 / 반주 / **D#**

까투리 타령

전라도 민요

꽃 타령

신민요 / 김세레나 노래

노래 / D#

남원산성

전라도 민요

남포 타령

전라도 민요

넝쿨 타령

소월 시 / 서영은 작곡

017 네가 잘나 일색이냐

임희재 작사 / 박춘석 작곡

노래 / C

Rock 4/4

30

018 노들 강변

경기도 민요

연주 / C

세마치

노랫가락

경기도 민요

굿거리

노랫가락 차차차

김영일 작사 / 김성근 작곡

반주 / G

차차차 4/4

5 6 1 1 1 1 5 6 1 6 5 5 5 3 - 3 2 3 2 1 - - -

2 - 2 1 2 1 6 - - - 5 6 1 6 5 6 5 3 2 3 2 1 2 1 6

5 5 6 1 2 3 5 6 1 6 5 3 5 6 6 5 - - 6 5 3 3 2 1 2 3

1 1 5 0 1 5 6 1 6 5 6 1 1 1 0 5 6 1 1 1 1 1 1 1 -

노 세 노 세 젊 어 서 놀 아
가 세 가 세 산 천 경 개 로

0 5 6 2 2 3 2 1 2 1 6 6 - 0 5 6 1 1 6 5 1 6 5

늙 어 지 면 은 못 노 나 - 니 화 무 는 십 일 홍 이 요
늙 기 나 전 에 구 경 가 - 세 인 - 생 은 일 장 의 춘 몽

0 3 3 2 5 3 2 1 1 1 1 1 - 1 6 5 1 6 5 1 1 1 1 1 1

달 도 차 - 면 - 기 우 나 니 라 얼 시 구 절 시 구 차 차 차 차 차 차
둥 글 둥 - 글 - 살 아 나 가 세

5 1 6 5 6 5 3 3 3 3 3 3 0 2 1 2 3 0 5 3 5 6 0 5 3 3 3 3

지 화 자 좋 구 나 차 차 차 차 차 차 화 란 춘 성 만 화 방 창 아 니 노 지 는
춘 풍 화 류 호 시 절 에

2. 3 2 1 6 5 6 1 1 1 1 1 1 1 1 1 1 1 1 1 1 1 1 1 1 5 6 1 1 1 0 -

못 하 리 - 라 - 차 차 차 차 차 차 차 차 차 차 차 차

33

농부가

능수버들

신민요

닐리리 맘보

탁소연 작사 / 나화랑 작곡

노래 / G / 반주 / G

차차차 4/4

C			G7			GM7		C

1 3 5 1 1 5 3　2 4 5 7 7 5 4　5 7 2 #4 4 2 7　1　0 5 6 5 4 3 4 3 2

C	G7	C		G7		C		G7

1. 1 7 7　6. 5 6 5　0 5 6 5　7 7 6 5　3 —　2 3 2 1 3 3　1. 1 7 7

닐 리 리 야 닐-리 리　　닐 리 리 맘 보　　　　닐 리 리 야

C	G7	C			G7

6. 5 6 5 0 —　7 5 6 7　1 — 5 6 3 5 1　0 1 3 5 1 2 1 6 5　7 5 4 0 —

닐-리 리　닐 리 리 맘 보　　　정 다 운 우-리 님 닐 리 리

G7	C		G7	C

0 7 6 5 4　3 5 1 #4 5 #2 3 7　0 1 3 5 1 2 1 6 5　7 5 4 0 —　0 5 5 6 5 #4 4 3

오 시 는 날 에　　　원 수 의 비-바 람 닐 리 리　비 바 람 불 어 온 다

G7	C	Dm	G7	C

5 2 5 5 5 6 7　0 3 3 3 4 3　2 1 2 6 2 1 6 1 2　0 2 2 3 2　1 — 1 5 #4 4 3

네　　님 가 신 곳 을 알-아 야　　알 아 야 하 지

C	Dm	D7	G7	C	G7

0 3 3 3 4 3　2 1 2 6 1 2 6 1 2　0 6 6 7 1　2 5. 5 5 5 5 5　1. 1 7 7

나 막 신 우 산 보-내 지　　보 내 드 리 지　　닐 리 리 야

C	G7	C	G7	C

6. 5 6 5 0 —　7 7 6 5　3 3 2 3 2 1 2 3　1. 1 7 7　6. 5 6 5 0 —

닐-리 리　닐 리 리 맘 보　　　닐 리 리 야 닐-리 리

G7	C	G7	F	G7

7 5 6 7　1 — 5 6 3 5 1　D.C　7 — 5 — 6 — 7 5

닐 리 리 맘 보　　　닐 리 리 야 맘

C	G7	Dm7	G7	C

1 5 6 7 1 7 1 2　3 1 2 3 4 3 4 5　6 4 5 6 7 5 6 7　1 0 1 —

보

닐리리야

경기도 민요

반주 / A#

굿거리 3/4

Am · · C · Am · C
6 6 6 7 6 5 - 3 2 6 1 6 1 6 5 - 6 5 3 3. 5

C · Dm · G · C
3 5 3 2 1 2 3 2 1 6 5 - - 1 - 2 1 5 1 2 3

Dm · G · Am · C · Am
2 1 6 5 6 5 5 - 6 6 6 7 6 5 - - 6 5 6 1 6

청 사 초 - 롱 불 - 밝 - 혀
백 옥 같 - 이 고 - 운 - 얼
일 구 월 - 심 그 - 리 - 던
간 다 더 - 니 왜 - 또 - 왔

C · Am · Dm · G
5 - 6 5 3 3. 5 3 5 3 2 1 2 3 2 1 6 5 - -

라 - - 잊 었 던 낭 - 군 - 이 다 시 돌 아 왔 네
굴 - - 햇 빛 에 끌 - 리 - 어 웬 - 말 - 인 가
님 - - 그 어 느 시 - 절 - 에 만 - 나 - 볼 까
나 - - 울 리 고 갈 길 - 을 왜 - 또 - 왔 나

C · Dm · G · Am · C
1 - 2 1 5 1 2 3 2 1 6 5 6 5 - - 6 6 6 7 6 5 - -

닐 - 닐 리 리 - 닐 - 리 - 리 야 닐 리 리 - 야

Am · C · Am · Dm
6 5 6 1 6 5 - 6 5 3 3. 5 3 5 3 2 1 2 3 2 1 6

닐 - 리 - 리 야 - - 니 나 노 난 - 실 - 로 내 가 돌 아 간

G · C · Dm · G
5 - - 1 - 2 1 5 1 2 3 2 1 6 5 6 5 - -

다 닐 - - 닐 리 리 닐 - 리 리 야

D.C

(끝 날때 4 마디 한번더함)

37

님 타령

황우루 작사 / 김학송 작곡

굿거리

달 타령

신선지 작사 / 오영원 작곡

노래 / E / 반주 / F

Go Go

달맞이

중몰이 3/4

Am
6 6 6 - 6 - 6 5 4. 5 6 5. 4 4 - -

F
4 5 6. 5 4 2 2 1 2 1 5 1 - -

Am
6 6 6 6 6 6 - - 6. 5 3. 5 6 5 -
가 세 - 가 세 - - 달 맞 이 가 세

F
1 6 6 1 1 5 1 5 5. 4 5. 4 1. 4 5 4 -
높 은 - 산 으 로 달 맞 이 가 세

C
1. 2 3. 5 3. 1 2. 1 2 1 5 1 2 1 -
가 세 가 - - 세 가 세 달 맞 이 가 세

C   Am
1. 2 2 1 - - 6 6 5 6 5 3. 5 6. 5 3. 5 6 5
일 보 이 보 다 리 를 - 밟 아 천 리 만 리 걸 어

Am
6 6 6 - 0 6 6 5 4. 5 6 5. 4 4 - -
정 월 이 라 대 보 름 날

F   G7   C
4 5 6. 5 4 2 2 1 2 1 5 1 - -
일 년 - 중 에 - 는 으 뜸 일 세

40

대한 팔경

왕평 작사 / 형석기 작곡

노래 / **A#(Gm)**

Fox Trot

029 더덕 타령

030 도라지 타령

경기도 민요

43

도라지 낭랑

김영일 작사 / 전기현 작곡

도라지 처녀

백호 작사 / 박춘석 작곡

033 독수 공방

전우 작사 / 나규호 작곡

WALTZ

46

034 둥그레 당실

Waltz

둥기 당기당

반야월 작사 / 박시춘 작곡

세마치

둥둥 내 사랑

이시우 작사 / 작곡

둥둥게 타령

들국화 타령

신민요

만경들 풍경

반야월 작사 / 조춘영 작곡

굿거리

기 - 름진옥 - 토평야 호 - 남 - 만 - 경들
풍 - 년가 들려오는 호 - 남 - 만 - 경들

철 마 다 복 이온다 사 랑이 - 온 다
땀 흘 린 햇 곡식에 기 쁨이 - 온 다

삼 사 월 뿌 린 씨 가 알 곡 식 - 되 - 어
우 리 는 새 일 터 에 새 일 꾼 - 되 - 어

앞 - 뒤집 온 - 동리가 거 둠질 - 하 니
명 - 랑한 웃 - 음속에 거 둠질 - 하 니

쌓 - 올린노 적가리 얼 싸좋구나 좋아 -
태 - 극호기 적소리 얼 싸좋구나 좋아 -

맘보 타령

이철수 작사 / 한복남 작곡

맹꽁이 타령

이부풍 작사 / 형석기 작곡

재란노래 / Am(c) 폴카노래 G#m(B)

Go Go

042 모심기 노래

세마치

목화송

이봉룡 작곡 / 김정구 노래

몽금포 타령

황해도 민요

장 산 곳 마 루 - 에
님 - 도 보 구 - 요
달 빛 은 밝 구 - 요
갈 길 은 멀 구 - 요

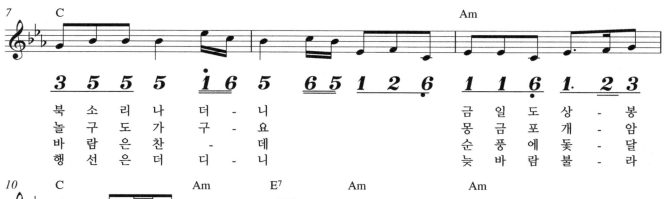

북 소 리 나 더 - 니   금 일 도 상 - 봉
놀 구 도 가 구 - 요   몽 금 포 개 - 암
바 람 은 찬 - 데   순 풍 에 돛 - 달
행 선 은 더 디 - 니   늦 바 람 불 - 라

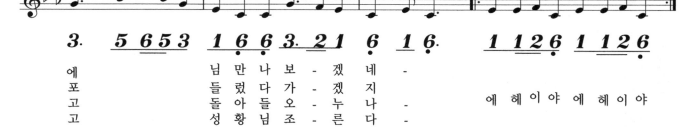

에   님 만 나 보 - 겠 네 -
포   들 렀 다 가 - 겠 지
고   돌 아 들 오 - 누 나 -
고   성 황 님 조 - 른 다 -   에 헤 이 야 에 헤 이 야

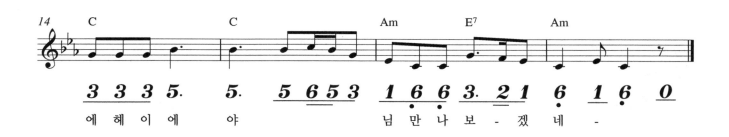

에 헤 이 에 야   님 만 나 보 - 겠 네 -

물레 타령

세마치

물레야 - 물레야 빙 빙 - 빙 - 돌 아 라

워 리 렁 - 워 리 렁 - - 잘 도 돈 다

해 당 화 - 한 송 이 를 - 와 자 지 직 끈 꺾 - 어
춥 냐 - 덥 - 냐 - - 내 품 안 으 로 오 너 라
사 람 이 - 살 면 은 - - 몇 백 년 이 나 살 다 가

우 리 님 머 리 위 에 다 꽃 - 아 - 나 줌 - 세
베 개 가 높 고 낮 거 든 내 - 팔 - 을
죽 음 에

버 어 라

들 어 서 노 - 소 가 있 느 냐

046 물방아 타령

김방아 작사 / 김부해 작곡

굿거리

밀양 아리랑

경상도 민요

박연 폭포

경기도 민요

굿거리

박연 - 폭 - 포 - 흘러 내리는 물 - 은
간 데 - 마 - 다 정 - 들 여 놓 - 고

범 - 사 - 정으로 - 감 돌 - 아 든 - 다
이 - 별이 - 잦아서 - 못 살 - 겠 - 네

에 - - 에 - - 에루화좋 - 구 좋 - 다
에 - - 에 - - 에루화좋 - 구 좋 - 다

어 - 럼마 디여라 - 내 사 - 랑 - 아
어 - 럼마 디여라 - 내 사 - 랑 - 아

D.C

어 - 럼마 디여라 - 내 사 - 랑 - 아

방앗간 아가씨

반야월 작사 / 고봉산 작곡

폭스 트롯트

64

뱃노래

경상도 민요

범벅 타령

전래민요

베틀가

경기도 민요

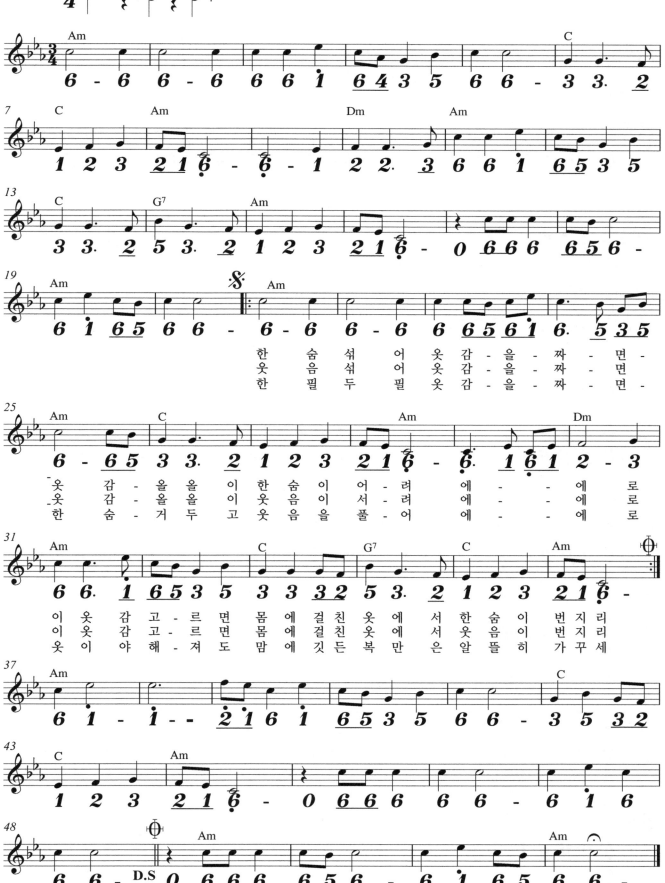

벽오동

김도향 / 작사 / 작곡

봄 노래

김서정 / 작사 / 작곡

왈츠

봄바람 님바람

고명기 / 작사 / 한복남 / 작곡

비 오는 양산도

박춘석 / 작사 / 작곡

057 뽕따러 가세

중몰이

058 뽕따러 가세

반야월 작사 / 나화랑 작곡

73

사랑가

전래민요

74

060 사발가

경기도 민요

사설 난봉가

삼거리 맘보(천안 삼거리)

전래민요

삼천리 강산 에라 좋구나

전수린 작사 / 작곡

064 석별가

전래민요

세마치

79

새 타령

신민요

선유가

손석우 작사 / 작곡

스윙

(Drum Solo)

여 기 여 차 흥 – 어 기 여 차 흥 노 를 저 라 동 백 꽃
어 기 여 차 흥 – 어 기 여 차 흥 둥 근 달 이 두 둥 실

피 는 저 마 을 아 가 씨 가 슴 위 에 도 터 질 듯 부 풀 은 꿈 이 핀 다
솟 아 오 른 다 한 잔 술 없 을 까 보 냐 태 백 이 나 로 다 에 라 좋 구

나 물 결 이 찰 랑 마 음 도 찰 랑 온 세 – 상 이
나

거 나 해 찰 랑 일 장 춘 몽 의 인 생 이 거 늘 아 니 – 놀 손

가 어 기 여 차 흥 – 어 기 여 차 흥 물 이 흘 러 밤 흘 러

꿈 이 흐 른 다 어 한 잔 더 마 시 렸 다 얼 씨 구 좋 구 나 에 라 좋 구

D.S

나

선화 공주

김종유 작사 / 작곡

성주 풀이

경상도 민요

성화가 났네

반야월 작사 / 나화랑 작곡

세상은 빙글 빙글

반야월 작사 / 박시춘 작곡

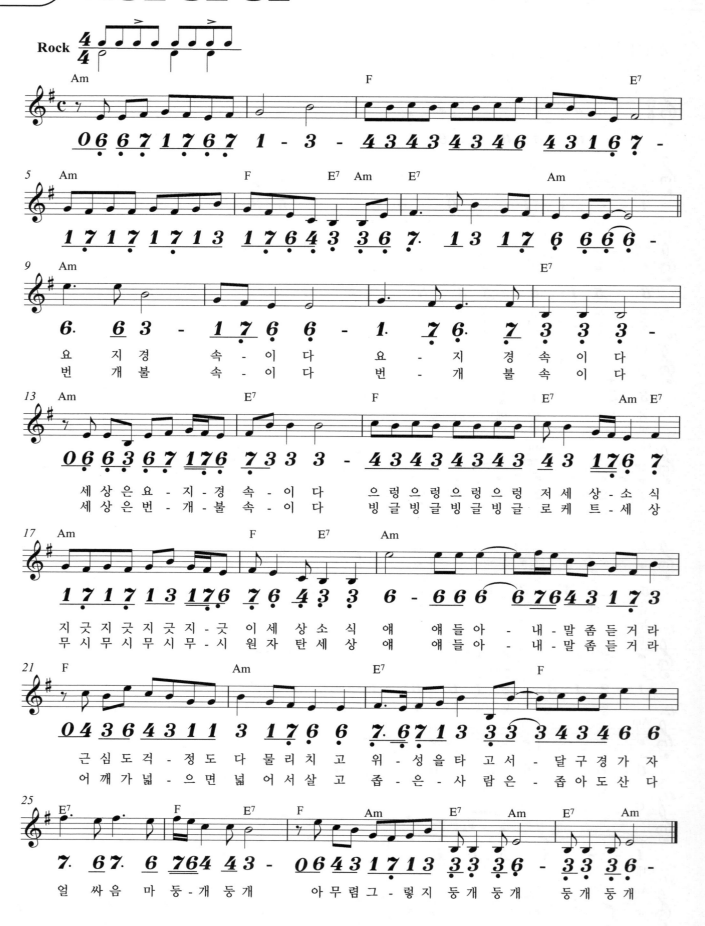

시집가네

반야월 작사 / 전수린 작곡

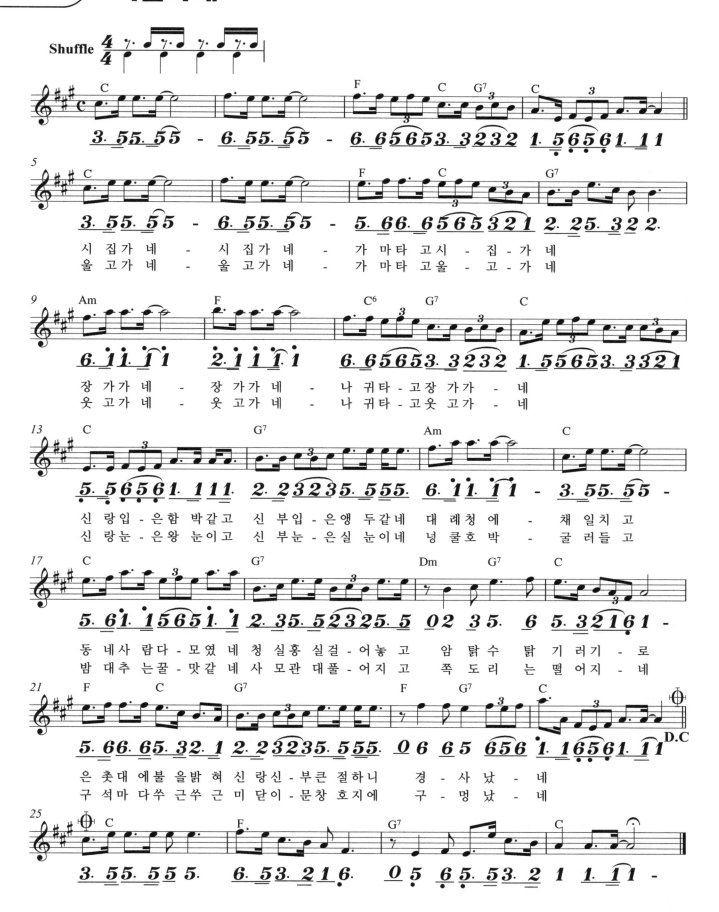

Shuffle

3. 55 55 - 6. 55 55 - 6. 65653. 3232 1. 56561. 11

3. 55 55 - 6. 55 55 - 5. 66. 65 65321 2. 25. 322.

시 집 가 네 - 시 집 가 네 - 가 마 타 고 시 - 집 - 가 네
울 고 가 네 - 울 고 가 네 - 가 마 타 고 울 - 고 - 가 네

6. 11. 11 2. 1 1 1. 1 6. 65653. 3232 1. 55653. 3321

장 가 가 네 - 장 가 가 네 - 나 귀 타 - 고 장 가 가 - 네
웃 고 가 네 - 웃 고 가 네 - 나 귀 타 - 고 웃 고 가 - 네

5. 56561. 111. 2. 23235. 555. 6. 11. 11 - 3. 55. 55 -

신 랑 입 - 은 함 박 같 고 신 부 입 - 은 앵 두 같 네 대 례 청 에 - 채 일 치 고
신 랑 눈 - 은 왕 눈 이 고 신 부 눈 - 은 실 눈 이 네 넝 쿨 호 박 - 굴 러 들 고

5. 61. 15651. 1 2. 35. 52325. 5 02 35. 6 5. 32161 -

동 네 사 람 다 - 모 였 네 청 실 홍 실 걸 - 어 놓 고 암 탉 수 탉 기 러 기 - 로
밤 대 추 는 꿀 - 맛 같 네 사 모 관 대 풀 - 어 지 고 쪽 도 리 는 떨 어 지 - 네

5. 66. 65. 32 1 2. 23235. 555. 06 65 656 1. 16561. 11

은 촛 대 에 불 을 밝 혀 신 랑 신 - 부 큰 절 하 니 경 - 사 났 - 네
구 석 마 다 쑤 근 쑤 근 미 닫 이 - 문 창 호 지 에 구 - 멍 났 - 네

D.C

3. 55. 555. 6. 53. 216. 05 65. 53. 2 1 1. 11 -

신 만고강산

최치수 작사 / 김종유 작곡

신 사랑가

반야월 작사 / 이명희 작곡

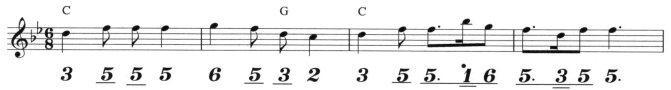

사 랑 사 랑 내 사 랑 아 어 화 둥 - 둥 내 사 랑 아

이 리 보 아 도 내 사 랑 아 저 리 보 아 도 내 사 랑 아
안 고 보 아 도 내 사 랑 아 놓 고 보 아 도 내 사 랑 아
꿈 을 꾸 어 도 내 사 랑 아 천 년 만 - 년 내 사 랑 아
꽃 을 보 아 도 내 사 랑 아 별 을 보 아 도 내 사 랑 아

십 오 - 야 온 달 이 냐 녹 수 청 - 산 꾀 꼬 리 냐
열 녀 - 에 춘 향 이 냐 천 하 일 - 색 양 귀 비 냐
하 늘 - 에 선 녀 이 냐 인 간 세 - 상 보 배 이 냐
호 첩 - 첩 봄 나 비 냐 점 점 일 - 홍 해 당 화 냐

가 야 - 금 에 실 은 - 사 랑 어 화 둥 둥 내 사 랑 아
원 앙 - 금 침 묻 힌 - 사 랑 어 화 둥 둥 내 사 랑 아
이 생 - 저 생 바 찬 - 사 랑 어 화 둥 둥 내 사 랑 아
화 조 - 월 석 놀 던 - 사 랑 어 화 둥 둥 내 사 랑 아

신 태평가

경기도 민요 / 김부해 편곡

신고산 타령

쑥대머리

반야월 작사 / 김종유 작곡

아나 농부야

전우 작사 / 박춘석 작곡

아리랑 낭랑

추미림 작사 / 김교성 작곡

아리랑 목동

강사랑 작사 / 박춘석 작곡

080 아리랑 이별 고개

송운선 작사 / 작곡

스윙

임 - 가 신 아 리 랑 아 리 랑 그 - 고 개 - 는
임 - 떠 난 아 리 랑 아 리 랑 고 - 개 - 넘 - 어

열 두 고 개 고 개 마 다 눈 물 고 였 - 네
울 고 가 는 신 세 타 령 누 가 알 - 소 - 냐 나 를 두 고

가 신 임 은 - 언 제 나 오 - 나 아 - 리 랑 고 개 고 개 는
가 신 임 아 - 어 디 로 갔 - 나

이 별 의 고 개 눈 물 의 - 고 개 한 - 평 생 -
못 오 는 고 개 마 지 막 고 개 한 - 세 상 넘 - 어 - 도

끝 - 없 는 아 리 랑 고 개 - 아 - 아 리 랑 아 리 랑
아 - 득 한

아 - 라 리 - 요
요

96

081 앞 강물

앵두나무 처녀

천봉 작사 / 한복남 작곡

야월 삼경

신민요

084 양산도

양산도 봄바람

신민요

어디로 가야 하나

오준영 작사 / 작곡

Waltz

영암 아리랑

백암 작사 / 고봉산 작곡

오돌또기

경기도 민요

오봉산 타령

경기도 민요

091 옥피리 사랑

반야월 작사 / 나화랑 작곡

092 옹헤야

잦은몰이

093 왜 안 오실까

김영일 작사 / 형석기 작곡

요리조리 동동

반야월 작사 / 나화랑 작곡

요핑게 조핑게

이서구 작사 / 전수린 작곡

우리강산

박춘석 작사 / 작곡

울릉도 사랑

월견초 작사 / 이종묵 작곡

울산 아가씨

경상도 민요

이야홍 타령

제주도 민요

이팔 청춘가

경기도 민요

인생잔치

월견초 작사 / 김용환 작곡

임전 화풀이

추양 작사 / 김영파 작곡

잘했군 잘했어

전래 민요

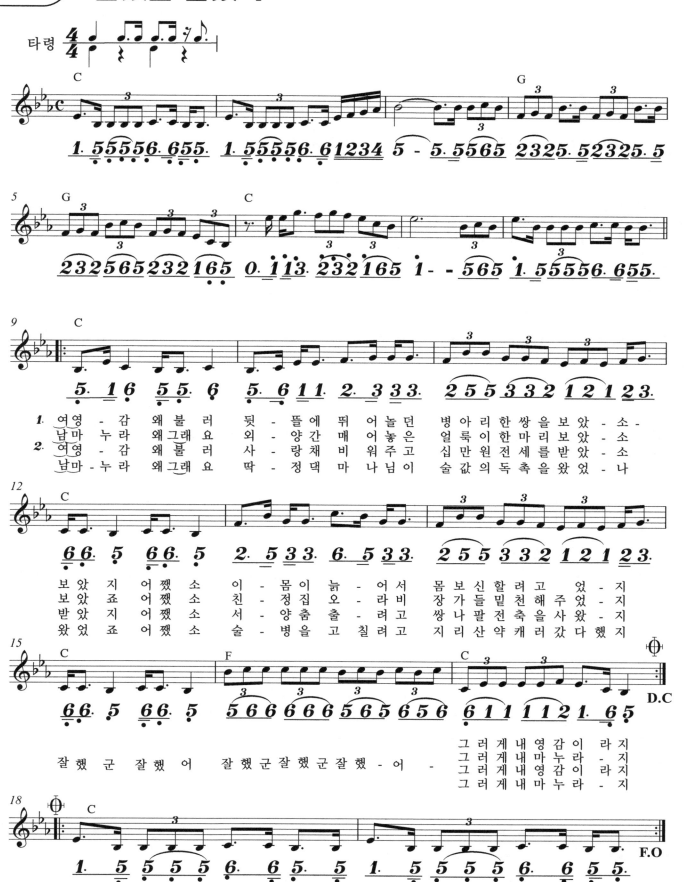

타령

1. 여영 - 감 왜불러 뒷 - 뜰에 뛰어놀던 병아리한쌍을 보았 - 소 -
2. 남마 누라 왜그래요 외 - 양간 매어놓은 얼룩이한마리보았 - 소 -
여영 - 감 왜불러 사 - 랑채비 워주고 십만원전세를 받았 - 소
남마 - 누라 왜그래요 딱 - 정댁 마 나님이 술 값 의독 촉을 왔었 - 나

보았 지 어쨌 소 이 - 몸이 늙 - 어서 몸보신할려고 없 - 지
보았 죠 어쨌 소 친 - 정집 오 - 라비 장 가들밑천해 주었 - 지
받았 지 어쨌 소 서 - 양춤 출 - 려고 쌍나팔전축을 사왔 - 지
왔 었 죠 어쨌 소 술 - 병을고 칠려고 지 리산약 캐러갔 다 했지

D.C

그 러 게 내 영 감 이 라 지
그 러 게 내 마 누 라 - 지
그 러 게 내 영 감 이 라 지
그 러 게 내 마 누 라 - 지

잘했 군 잘했 어 잘했 군 잘했 군 잘했 - 어 -

F.O

장기 타령

김용환 작사 / 작곡

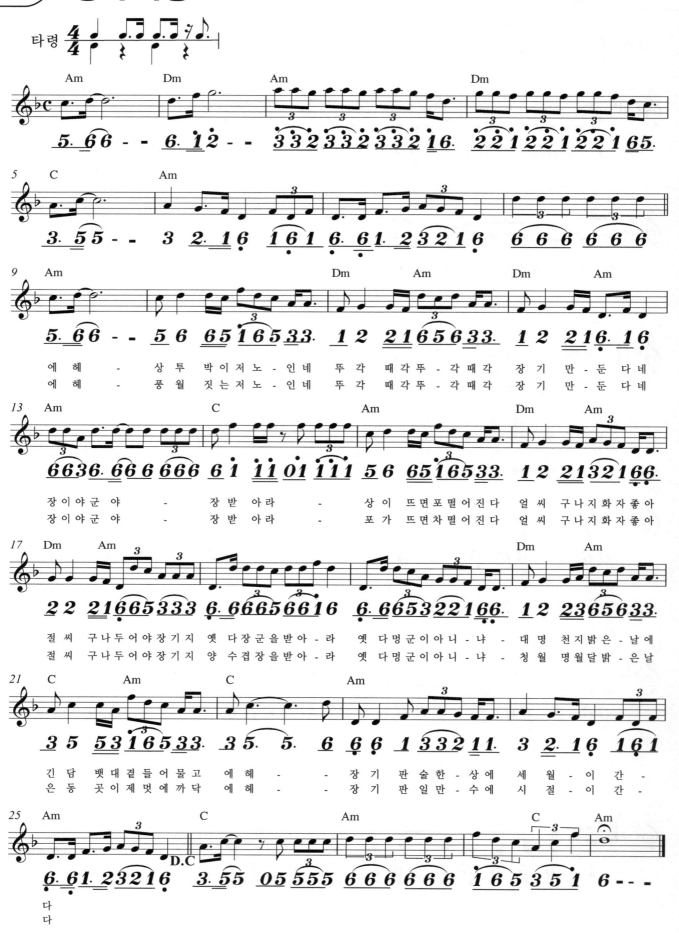

105 장모님 전상서

불로초 작사 / 형석기 작곡

전복타령

김운하 작사 / 한복남 작곡

정 떨어졌구나

하영 작사 / 김부해 작곡

정어리 타령

김용환 작사 / 작곡

제주도 타령

신민요

진도 아리랑

전라도 민요

세마치

가 지 마 - 오 - 가 - 지 - 마 - 오
청 천 하 늘 엔 - 잔 - 별 - 도 - 많 - 고
문 경 세 제 는 - 이 별 - 고 - 개
놀 다 가 - 세 - 놀 다 - 가 - 세

저 달 이 - 떴 다 지 - 거 든 그 - 제 - 사 가 오
이 내 - 가 슴 엔 - 수 - 심 도 - 많 다
굽 어 진 - 굽 이 굽 - 이 가 눈 - 물 - 에 젖 네
저 달 이 지 - 도 - 록 - 놀 다 - 가 세

아 리 아 리 랑

쓰 리 쓰 리 랑 아 라 리 가 났 - 네 - - 아 리 랑 흥 -

아 라 리 가 - 났 네

D.S

111 짚세기 신고 왔네

유호 작사 / 최창권 작곡

세마치

처녀 농군

김일영 작사 / 이철혁 작곡

113 처녀 총각

구완서 작사 / 김준영 작곡

창부타령

경기도 민요

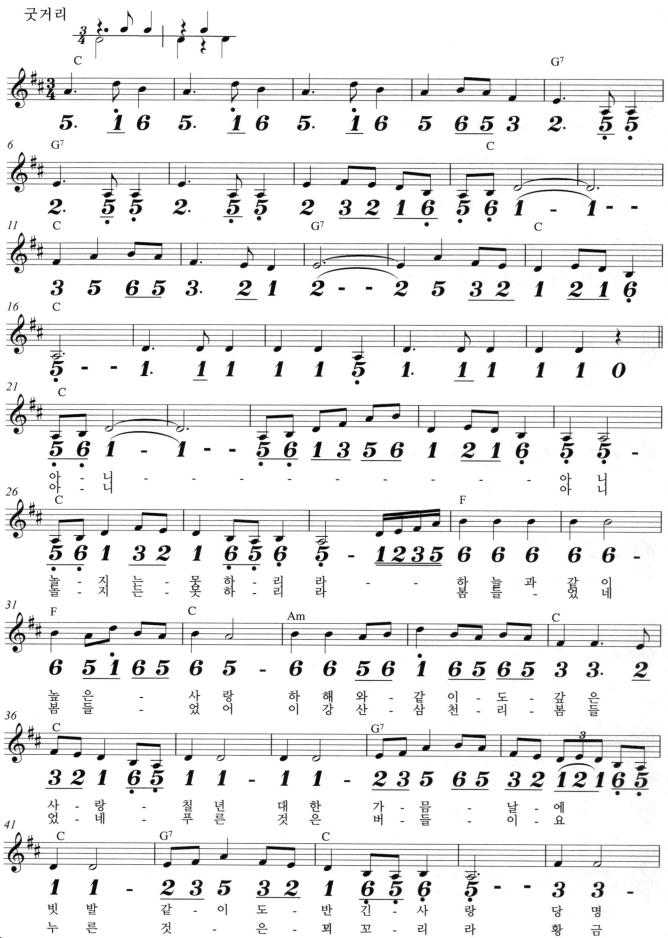

처녀 뱃사공

윤부길 작사 / 한복남 작곡

Trot

낙 동 - 강 강바 - 람 - 이 치마폭에 앞가슴을

스 치 - 면 - - - - 스 군인간 오라 - 버 -
헤 치 - 면 - - - - 고요한 처녀 - 가 -

니 - - - - 소 식 - 이 오 - 네 -
슴 - - - - 물 결 - 이 오 - 네 -

큰 애 기 - 사 공 - 이 면 누 - 가 뭐 라 - 나
오 라 비 - 제 대 - 하 면 시 - 집 보 내 - 마

천지 풀이

전래민요

고 고

청춘 난봉가

황해도 민요

청춘 시절

반야월 작사 / 이재현 작곡

초생달

전래민요

굿거리

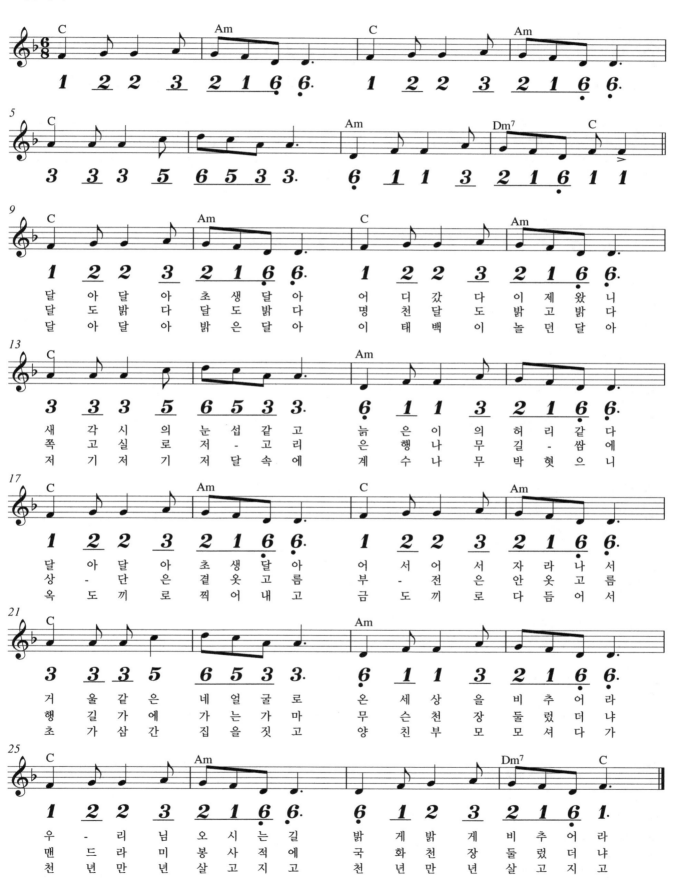

굿거리

총각 타령

반야월 작사 / 전오승 작곡

춘삼월

부평초 작사 / 백영호 작곡

Waltz

춘 삼 월 꽃 이 피 - 면 봄 놀 이 가 그 립 - 고

구 시 월 낙 엽 지 - 면 단 풍 놀 이 그 립 - 다

아 리 랑 - 아 리 랑 - 아 라 - 리 요

아 리 랑 - 고 개 로 - 날 넘 겨 주 - 소

가 는 봄 - 에 - - 오 - 는 - 봄 에

내 청 춘 이 - 늙 어 가 - 도

무 정 타 - 한 탄 말 - 고 얼 씨 구 절 씨 구 놀 - 잔 - 다

추야 장장

최동근 작사 / 김성근 작곡

굿거리

동 지 섣 달   긴 - 긴 - 밤에 -

베 - 갯 머 리 - - - 적 시 우 며 -

잠 못 드 는   이 내 신 세

처 - 량 도 하 구 나

오 동 잎 지 - 는 - 소 리 행 여 나 - 임 오 실 까

들 창 밖 - 을 내 - 다 보 니 새 벽 닭 이 - 우 는 구 - 나

새 벽 바 람 찬 바 - 람 에 울 - 고 가 - 는 - 기 러 기 야

124 춘몽

김용환 작사 / 작곡

춘정 타령

이승우 작사 / 김화영/ 작곡

타령 (무용곡)

전래민요

굿거리

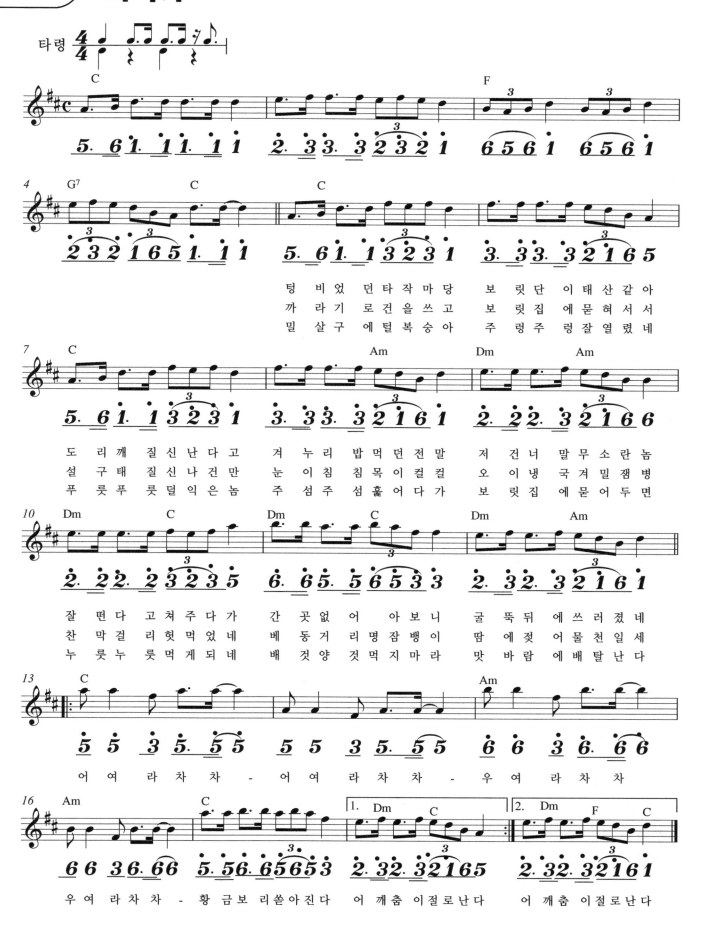

쾌지나 칭칭나네

경상도민요

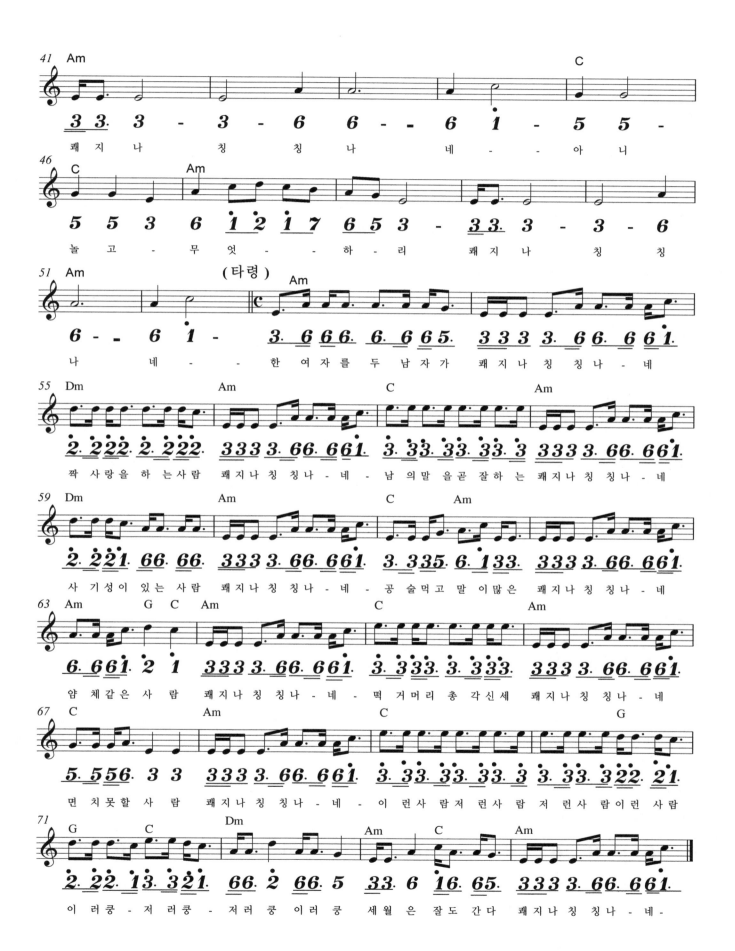

탑돌이

경상도 민요

통영 개타령

경상도 민요

중중몰이

팔도유람

서수남 작사 / 작곡

팔도 타령

신민요

팔도 풍년가

하중희 작사 / 김희조 작곡

타령

풍년이 왔네 - 풍년이 왔네

풍년이 왔어 - 풍년이 왔어 - 이마을 저마-을-에

풍 - 년이 왔네 - 에헤라좋다 - 에헤라 좋다 - 지화자좋아 -

지화자좋아 - 올해도 풍 - 년 - 내년에도 풍년 -

경 - 기땅에도풍 년 - 충청땅에도풍 년 - 씨뿌려가꾼보람
강 - 원땅에도풍 년 - 경상땅에도풍 년 - 산푸러강물푸러
호 - 남평야도풍 년 - 제주땅에도풍 년 - 알일이굵어진다

팔 - 도강산에풍년 - 풍년 이왔네 - 얼 씨구풍년 -

풍년 잔치

전우 작사 / 황문평 작곡

풍년가

경기도 민요

굿거리

156

풍년송

김능인 작사 / 이종묵 작곡

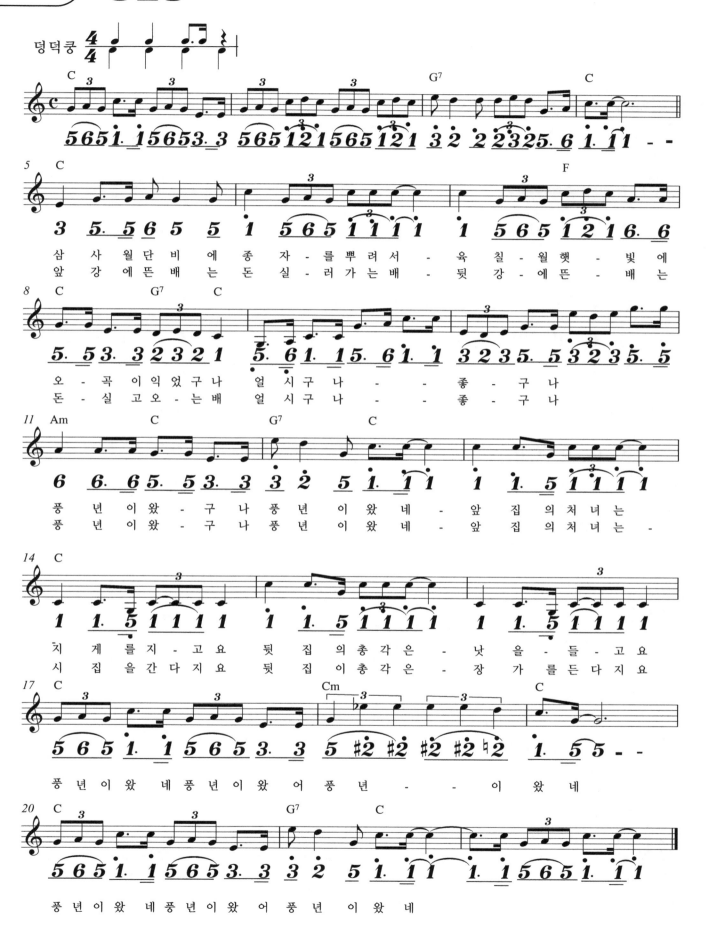

137 풍어 타령

차인봉 작사 / 전수린작곡

풍년방아

반야월 작사 / 김교성 작곡

한 오백년 (조용필)

강원도 민요

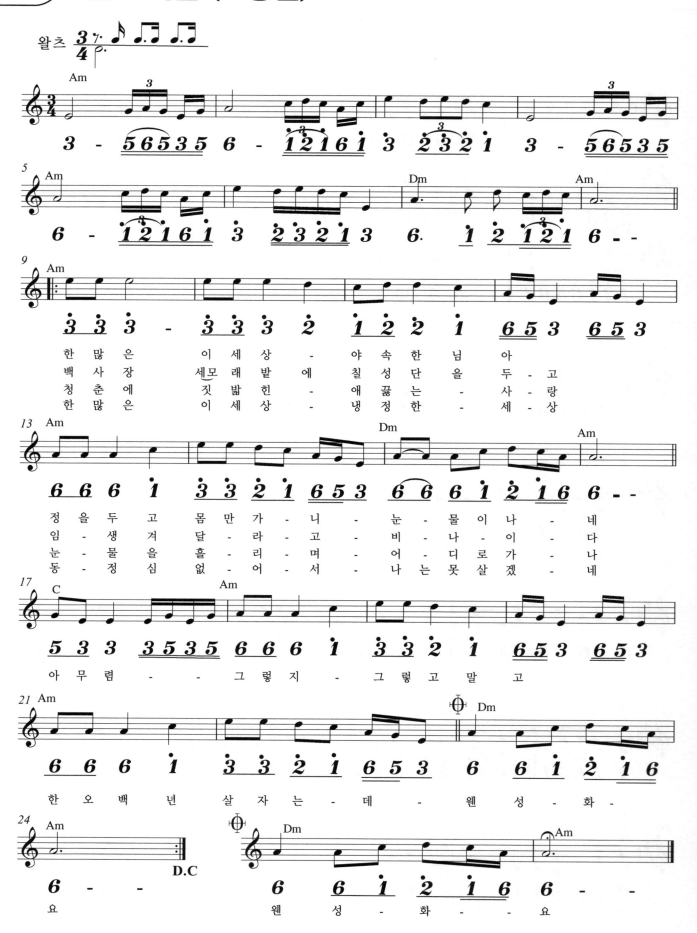

140 한 오백년

강원도 민요

141 한강수 타령

경기도 민요

굿거리

한 강 수 라 렁 수 라 렁
술 흘 러 흘 러

깊 고 - 얕 은 - 물 - 에 - 수 상 - 선 정
돌 흘 고 러 - 도 가 - 는 - 잔 물 - 에에 - 미 운 - 정

타 고 - 서 - 에 루 화 - 뱃 놀 이 가 잔 - 다 다
고 고운 - 운 정 - 에에 루 화 - 뱃 사 랑 이아 잔 - 다 다
고 운 - 정 - 에에 루 화 - 뱃 놀 이아 니 - 냐

아 하 아 하 에 헤 야 에 헤 - 이 요

에 헤 - 이 야 얼 쌈 - 마 둥 게 저 어 라 내

사 랑 - 아

한글 뒤풀이

전래민요

타령

한양 낭군

반야월 작사 / 나화랑 작곡

굿거리

할아버지 쌈지 돈

노황금 작사 / 김학송 작곡

145 함양 양잠가

중중몰이

6 - - 5 - 6 6 1. 6 3 6 3 3 2 2 2 2

2 3 6 2 4 3. 2 6 2 - - 6 - - 6 - -
너 어 는 여
어 너 는
너 는

6 5. 1 6 - - 6 - 6 6 5 6 3 3 3 5
죽 - - 어 만 첩 청 산 에 고 드 름
밭 - 가 에 섬 섬 섬 섬 - 섬 뽕 나 무
죽 - - 어 푸 룻 푸 - 룻 봄 배 추

2 2 6 2 - 3 2 - 3 6 - - 5 3 2
되 거 라 나 - - 는 - - 주 죽 어 서
심 어 라 아 - - 버 - - 지 어 머 니
되 거 라 나 - - 는 - - 주 죽 어 서

3 6 3 6 3 5 3 6. 2 3 2 - 2 - - 6 6 -
아 이 가 이 가 - 봄 바 람 될 거 나 에 야
명 - 주 - 에 - 옷 감 이 분 명 타 에 야
아 이 가 이 가 - 밤 이 슬 될 거 나

2 2 - 2 - 3 2 - 6 - - 5 - 6 6 1. 6
디 야 에 헤 야 에 헤 - 두 견 이

3 6 3 3 2 2 2 2 2 3 6 2 #4 3. 2 6 2 - -
울 음 운 다 - 둥 둥 가 - 실 실 - 너 불 러 라

166

해로가

전래민요

왈츠

햇님 달님

월견초 작사 / 이일수 작곡

굿거리

흥부와 놀부

강소천 작사 / 나운영 작곡

굿거리

옛 날 옛-날 한 옛날에 흥 부 놀-부 살 았 다 네

맘 씨 고 운 흥 부 는 - 제 비 다 리 고 쳐 주 고
심 술 궂 은 놀 부 는 - 제 비 다 리 다 쳐 놓 고

박 씨 하 나 얻 어 서 - 울 - 밑 - 에 심 었 더 니

주 렁 주 -렁 열 렸-네 복 바 가 -지 열 렸-네

톱 질 하 세 톱 질 하 세 슬 근 슬 근 톱 질 하 세

하 나 켜 면 금 나 오 고 둘 을 켜 면 은 나 오 고
셋 을 켜 도 금 은 없 고 넷 을 켜 도 은 은 없 고

150 희망가

Harmonica Masterpiece Series vol.07
Korean Folk Songs Repertoire

민요 편

초판 발행일 2024년 11월 20일

편저 정옥선
사보 정옥선
발행인 최우진
편집·디자인 편집부

발행처 그래서음악(somusic)
출판등록 2020년 6월 11일 제 2020-000060호
주소 (본사) 경기도 성남시 분당구 정자일로 177
　　　(연구소) 서울시 서초구 방배4동 1426
전화 031-623-5231 팩스 031-990-6970
이메일 book@somusic.co.kr

ISBN 979-11-93978-37-5 14670
　　　979-11-93978-39-9 14670(세트)